# 도시가 깜빡 깜빡! 대정전이 일어난다면?

최영준 글 · 신종우 그림

## 저자의 말

# 대정전이 일어났다!

2011년 9월 15일 오후 6시 44분, 서울 목동 야구장에서 경기를 펼치던 선수들과 1만 명이 넘는 관중들은 깜짝 놀랐어요. 갑자기 운동장을 비추던 조명이 꺼지니, 마치 경기가 끝난 것 같았거든요. 정말 경기가 갑자기 끝나 버린 것이었을까요? 관중과 선수들 모두 영문을 몰라 우왕좌왕했지만, 알고 보니 전기가 나간 거였어요.

아마 많은 친구들이 2011년 9월 15일을 기억할 거예요. 야구장뿐만 아니라 친구들이 사는 지역의 주택과 아파트, 학교, 백화점, 병원 등에서 돌아가며 정전이 일어났거든요.

다행히 전기가 나간 시간이 길지는 않았지만, 잠시 동안 일어난 정전으로 전국 곳곳에서 큰 피해가 발생했어요. 차들이 쌩쌩 달리는 도로에서는 신호등이 꺼져 하마터면 큰 사고가 날 뻔했어요. 또 수많은 사람들이 승강기에 갇혀 119구조대의 구조를 받았지요. 병원에서는 촛불이나 손전등을 켜고 환자를 치료하기도 했답니다. 물건을 만드는 공장에서도 기계가 움직이지 않아 큰 손해를 봤어요.

2011년 9월 15일에 발생한 정전 사태는 우리 모두 전기가 얼마나 소중한지 깨달을 수 있는 시간이었어요. 그리고 공기나 물처럼 당연하다고 생각한 전기가 사실은 매우 부족하고, 전기를 만들기 위해 필요한 자원 역시 많이 부족하다는 걸 새삼 느끼게 됐어요. 그제야 사람들은 우리가

　전기를 얼마나 낭비하고 있는지 되돌아보게 됐고, 전기가 없으면 얼마나 무서운 일이 벌어지는지 생각하기 시작했답니다. 그래서 저는 어린이 친구들에게도 전기가 얼마나 소중한지 알려 줘야 한다고 생각했어요. 왜냐하면 우리 모두가 대정전의 위험에서 우리나라를 구할 수 있기 때문이지요.

　정전은 지진이나 화산 폭발처럼 사람이 예측하거나 막을 수 없는 무시무시한 자연재해와는 달리 우리가 충분히 막을 수 있는 사고예요. 바로 매일 전기를 쓰는 우리가 전기를 어떻게 사용하는지에 따라 정전을 일으킬 수도, 막을 수도 있답니다. 저는 어린이 친구들이 전기의 소중함을 깨닫고, 전기를 아껴 쓰기 시작하길 바라는 마음으로 이 책을 썼어요. 전기를 아껴 쓰면 정전을 막을 수 있을 뿐만 아니라, 환경을 보호하고 지구 온난화도 막을 수 있거든요.

　자, 그럼 지금부터 다꺼스 박사, 강산이와 함께 전기의 비밀을 밝히러 불 꺼진 도시로 들어가 볼까요?

최영준

## 차례

강산, 다꺼스 박사를 만나다!　5
마른하늘에 날벼락? 정전이 일어났다!　6
도시가 우왕좌왕! 정전이 일어났다!　8
2011년 9월 15일 대규모 정전 발생!　10
도시가 깜빡깜빡! 대정전이 일어나면?　12
대정전 3일 후, 야생으로 돌아가다!　18
세계 곳곳에서 정전이 일어난다!　19
정전, 왜 일어나는 거야? ①　22
정전, 왜 일어나는 거야? ②　24
정전, 왜 일어나는 거야? ③　26

도시는 전기 먹는 하마!　28
부족한 전기, 더 많이 만들면 되지 않아?　30
신재생 에너지는 아직 부족해!　32
수력 발전소, 대정전에서 도시를 구하라!　34
정전을 막아 주는 첨단 기술, 스마트 그리드　36
대정전을 막는 작지만 큰 실천!　38
정전에서 살아남기, 꼭 기억해요!　40
다꺼스 박사의 전기 백과사전　42
강산이의 어린이 전기 안전　47

## 등장 인물

**다꺼스 박사**

세계적으로 유명한 전기 박사이다. 전기에 관한 모든 현상을 조사, 연구한다. 요즘은 세계 곳곳에서 자주 일어나는 대정전 사태에 대해 연구하며 사람들에게 전기 에너지 절약에 대한 중요성을 널리 알리고 있다.

**강산**

대한민국 서울에 살고 있는 초등학교 3학년 남자 아이이다. 궁금한 것이 있으면 절대 못 참는 호기심쟁이로, 다꺼스 박사에게 수많은 질문을 하며 정전에 대한 궁금증을 해결한다.

# 강산, 다꺼스 박사를 만나다!

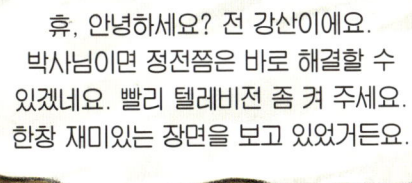

불을 밝히고, 열을 내는 등 전기는 우리 생활에 없어서는 안 될 편리한 에너지예요. 집 안을 살펴보세요. 전등, 냉장고, 세탁기, 보일러, 선풍기, 에어컨, 컴퓨터, 청소기, 텔레비전, 라디오, 헤어드라이어, 전자레인지 등 셀 수도 없이 많은 가전제품이 우리 생활에 엄청난 영향을 끼치지요. 만약 정전으로 인해 가정에 전기가 공급되지 않는다면 이 모든 기기들은 어느 것도 제 역할을 할 수 없답니다. 그럼, 우리 집은 물론이고 도시 전체가 정전이 된다면 과연 무슨 일들이 벌어질까요?

도시가 우왕좌왕! 정전이 일어났다!

## 2011년 9월 15일 대규모 정전 발생!

최악의 대정전 상황을 피하기 위해, 우리나라의 전력 공급을 담당하는 한국전력거래소에서는 전국적으로 여러 지역의 전기를 돌아가며 차단했어요. 다행히 정전은 빨리 복구되었지만 시민들은 대정전의 위험을 온몸으로 느꼈지요. 실제로 양식장의 물고기가 떼죽음을 당하고 은행의 현금 자동 입출금기를 사용할 수 없는 등 곳곳에서 피해가 속출했어요. 또 사람이 타고 있는 승강기와 병원의 의료 기기가 갑자기 작동을 멈추고, 야구장이나 영화관 등 사람들이 많이 모여 있는 곳에서 갑자기 불이 꺼지는 위험한 상황들도 속출했답니다. 그럼 2011년 9월 15일에 어떤 일이 벌어졌는지 자세히 살펴볼까요?

> 이럴 수가! 병원에서도 큰 문제가 생긴 것 같은데!

> 수술을 하는 중에 전기가 끊어져 버려서 환자가 위험에 빠진 것 같아요!

## 2011년 9월 15일 장소별 피해 상황

### 양식장
양수기 작동이 멈추면서 바닷물 공급이 안돼 양식 중인 물고기 폐사

### 승강기
전국 2,900여 명이 승강기에 갇혀 119구조대의 구조를 받음

### 야구장
프로야구 경기 진행 중 정전으로 경기가 중단되고 1만여 관객이 경기장에 갇힘

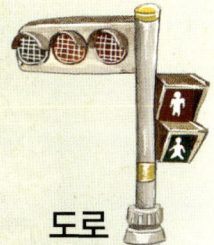
### 도로
2,877개의 교차로 신호등이 꺼지면서 일부 지역 교통이 마비됨

사진 제공 _ AP 연합뉴스, 동아일보

## 2011년 9월 15일 시간별 피해 상황

**11:00** — 늦여름 더위에 에어컨, 선풍기 등 냉방 기구 사용이 급격히 증가하면서 전기 사용량도 증가

**13:15** — 비축해 둔 전기가 얼마 남지 않게 됨

**13:35** — 대정전을 막기 위해 일부 지역의 전기 공급을 잠시 중단

**15:25** — 물을 이용하는 양수 발전소에 물이 부족해 전기 부족이 위험한 상황에 도달

**16:00** — 전국 대부분 지역을 30분씩 돌아가면서 전기 공급 중단

**20:00** — 전기 공급을 정상적으로 회복

**도시가 깜빡깜빡! 대정전이 일어나면?**

어휴, 깜깜해. 박사님, 어디 계세요? 무서워요!

강산아 괜찮니? 금방 도시에 불이 켜질테니 걱정 말거라.

> 박사님, 만약 대정전이 일어나면 밤마다 이런 어둠이 계속 되겠지요?

> 강산이가 점점 궁금한 게 많아지는구나! 그럼 최첨단 홀로그램 장치로 대정전 상황을 체험해 볼까?

전기를 주 에너지로 사용하는 현대 사회에서 대정전 사태가 발생하면 도시의 거의 모든 기능이 마비 상태에 빠질 수밖에 없어요. 특히 화학 물질을 사용하는 공장의 기능이 비정상적으로 마비 되면 큰 사고가 일어날 수도 있어요. 만약 원자력 발전소의 비상 발전 장치까지 멈춘다면 방사성 물질이 유출되는 최악의 사태까지 벌어질 수도 있답니다. 정전 사태가 길어지면 길어질수록 발전 시설을 정상으로 회복 시키는 데도 시간이 오래 걸려 피해는 더욱 커지게 되지요.

**대정전이 일어났을 때 시간별 상황**

### 즉시

**암흑. 전국 34,000개 신호등이 꺼지면서 교통 대란**

가정집의 전기가 나가고 도로의 신호등이 모두 꺼져 곳곳에서 교통사고가 일어난다. 밤에 대정전이 일어난다면 전등이 모두 꺼지면서 도시가 암흑으로 변한다.

### 2~4시간 경과

**수돗물 공급 중단**

전기가 끊기면 곧바로 수돗물을 공급하는 취수장과 정수장도 작동이 중지된다. 수돗물 공급 시설이 정지되면 각 가정의 수돗물 공급이 끊기게 된다. 비상 발전기를 갖고 있는 아파트도 2~4시간 내에 수돗물 공급이 중단된다.

### 3시간 경과

**가스 공급, 자동차 연료 공급 중단**

음식을 조리하고 난방을 하는데 쓰는 가스도 공급 시설 작동이 정지되면서 3시간 내에 사용할 수 없게 된다. 자동차 주유기도 전기가 없으면 기름 탱크에서 기름을 퍼 올릴 수 없기 때문에 자동차에 기름을 넣을 수 없게 된다.

### 3~4시간 경과

**백화점, 마트, 편의점 폐쇄**

백화점이나 마트, 편의점 등 식량이나 물을 구입할 수 있는 상점들이 문을 닫는다. 정전이 일어난 직후엔 비상 발전 장치를 가동해서 전기를 공급할 수 있지만 3~4시간이 지나면 대부분 영업을 할 수 없게 된다.

대정전이 일어났을 때 시간별 상황

### 4~5시간 경과

#### 고층 빌딩에 고립된 사람들

고층 빌딩에도 비상용 발전기가 설치돼 있지만 4~5시간 뒤에는 작동을 멈추기 때문에 그 사이에 빌딩을 빠져나오지 않으면 꼼짝없이 갇히게 된다. 특히 고층 빌딩은 자유롭게 창문을 여닫을 수 없어 몇 시간이 지나면 건물 내부의 공기가 오염된다.

### 8시간 경과

#### 공항 운영 중단

인천공항은 정전이 일어나면 자동으로 비상 발전기 82대가 작동하게 되지만 이마저도 8시간 이후엔 연료가 바닥나 작동이 멈춘다. 따라서 비행기가 오고 가는 것이 완전히 불가능해진다.

▶ **18시간 경과**

### 유선전화, 휴대전화 사용 불가

유선전화와 휴대전화를 연결해 주는 통신 시설인 전화국의 자체 발전기도 정전이 일어난 뒤 18시간이 지나면 사용할 수 없게 된다. 통신 시설이 마비되면 전화뿐 아니라 텔레비전과 라디오, 인터넷 통신도 사용할 수 없게 된다.

▶ **24시간 이상 지속**

범죄를 신고 받고 경찰서와 순찰차에 명령을 내리는 112신고센터도 24시간까지는 비상 전력 공급 장치에서 공급된 전기를 이용해 전국에 명령을 내릴 수 있다. 하지만 그 뒤에는 통신망이 끊어져 범죄가 일어나도 범죄를 막을 방법이 없어진다.

**대정전 3일 후, 야생으로 돌아가다!**

나라에서는 대정전이 일어나면 하루 만에 전국 80퍼센트의 전력을 복구하고, 3일~7일 안에 모든 전력을 복구할 계획을 가지고 있어요. 하지만 전력이 복구되지 않으면 일상생활은 마치 야생의 모습으로 되돌아갑니다. 여러분의 생활을 한번 예상해 볼까요? 아침에 일어나면 불을 피워서 밥을 지어 먹고, 수돗물 정화 시설의 정화 장치가 작동하지 않으니 먹고 씻는 물은 강이나 냇가에서 해결해야 하지요. 물론 전화와 휴대전화 사용은 어렵고, 교통수단이 없어 학교도 걸어서 가야 해요. 그리고 해가 지면 집 안을 밝히기 위해 촛불을 켜야 한답니다.

# 세계 곳곳에서 정전이 일어난다!

"강산아, 이 위성사진은 한밤중 미국의 모습을 찍은 것이란다."

"박사님, 저기 동그라미가 그려진 곳은 어디예요?"

위의 위성사진은 2003년 미국의 뉴욕에서 대정전 사태가 일어났을 때의 모습이에요. 강산이가 궁금하게 여긴 동그라미가 그려진 곳은 바로 뉴욕과 그 주변 지역이랍니다. 세계에서 가장 화려하고, 번화한 도시 뉴욕이 순식간에 암흑으로 변한 모습을 한눈에 볼 수 있어요. 뉴욕은 세계 주요 증권사를 비롯한 많은 기업들이 모여 있는 세계 경제의 중심지랍니다. 만약 이런 정전 사태가 지속되어 뉴욕의 모든 기능 마비되었다면 전 세계 경제 시장은 어떻게 되었을까요?

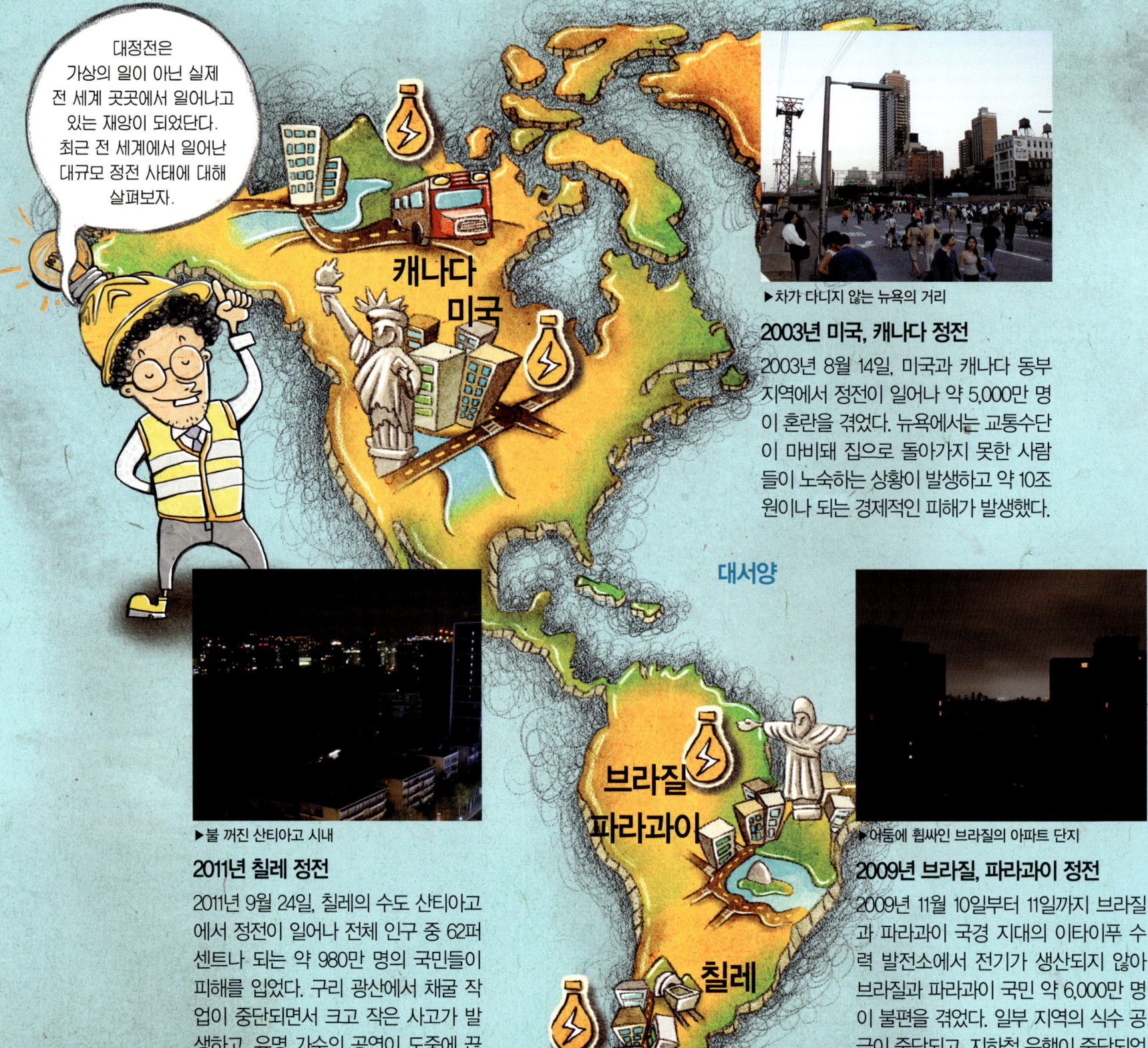

두 번째 이유는 전기를 분배하는 방식 때문이에요. 이곳 전력거래소는 발전소에서 만들어진 전기를 어디로 얼마나 흘려보낼지 결정하는 두뇌 역할을 하는 곳이랍니다. 전력거래소에서 전기를 사용하는 가정집과 회사, 공장 등 전국 모든 곳의 전기 사용 상황을 파악하고 있어요. 그리고 전국 발전소에서 일어나는 모든 일들도 속속들이 알고 있지요. 발전소가 전기 생산을 쉬고 있는지, 고장이 나서 고치고 있는지 손금 보듯 꿰고 있답니다. 전기를 만드는 곳과 쓰이는 곳 양쪽의 상황을 모두 알고 있기 때문에 필요한 곳에 적당한 양의 전기가 흘러가도록 조정해 주어요.

하지만 만약 전기를 전국으로 분배하는 두뇌가 고장이 나면 어떤 일이 벌어질까요? 그럼 전기 공급이 뒤죽박죽 엉망이 돼서 한쪽으로는 전기가 많이 흘러가고, 다른 쪽으로는 전기가 흘러가지 않을 수 있게 되지요. 그렇게 될 경우 전기가 많이 흘러간 쪽과 전기가 부족한 쪽 모두 정전이 일어나게 되어요. 게다가 요즘엔 컴퓨터로 운영되는 전력거래소를 공격하는 해커들도 있어요. 해커는 다른 사람의 컴퓨터에 무단 침입하여 데이터와 프로그램을 없애거나 망치는 사람을 말해요. 만약 해커들이 전력거래소를 마비시키면 역시 정전이 일어나게 된답니다.

이 책을 읽고 있는 친구들 중에도 사용하지 않는 방의 전등을 켜 놓거나, 보지 않는 텔레비전을 켜 놓은 경험이 한두 번쯤은 있을 거예요. 정전이 일어나는 또 다른 이유는 사람들이 전기를 너무 낭비하고 있기 때문이에요. 겨울에 집 안에서 반소매를 입을 정도로 난방을 하고, 여름엔 냉방병에 걸릴 정도로 에어컨을 작동시키는 경우가 많지요. 인적이 드문 새벽까지 반짝거리는 거리의 화려한 네온 광고도 불필요한 전기 사용이에요. 전기 소비량은 도시가 발달하고 고층 건물들이 많아지면서 기하급수적으로 증가했답니다.

## 부족한 전기, 더 많이 만들면 되지 않아?

**박사님, 이렇게 과학이 발전했는데 전기를 많이 못 만든다는 건 이해가 안 가요. 전기를 사용하는 만큼 발전소를 더 많이 지으면 되잖아요.**

**네 말이 맞아. 하지만 발전소를 더 짓는 건 쉬운 일이 아니란다. 우선 발전소에 대해 자세히 알아볼까?**

우리나라에서 사용하는 전기는 대부분 화력 발전소, 수력 발전소, 원자력 발전소에서 만들어져요. 이 세 발전소가 우리나라 전체 발전소의 약 98.9퍼센트를 차지해요.

화력 발전소는 석탄이나 석유를 태워 끓인 물에서 나오는 수증기로 발전기를 돌려 전기를 만듭니다. 수력 발전소는 물이 위에서 아래로 떨어지며 발전기를 돌리는 힘으로 전기를 만들어요. 물레방아와 비슷한 원리지요. 원자력 발전소는 원자핵이 분열하면서 나오는 열에너지를 이용해 전기를 만든답니다.

물론 강산이 말처럼 발전소를 더 많이 지으면 사용할 수 있는 전기의 양이 많아지겠지요. 하지만 발전소를 더 많이 짓지 못하는 이유가 있어요. 자, 그럼 각 발전소들에게 직접 그 이유를 들어 볼까요?

### 화력 발전소

난 전국 어디에나 지을 수 있어. 게다가 전기를 만드는 비용도 싸단다. 하지만 전기를 만들면서 지구 온난화의 원인으로 지목되는 이산화탄소 등의 공해 물질을 많이 내뿜기 때문에 더 이상 짓기 어려워.

### 원자력 발전소

난 싼값에 많은 전기를 만들 수 있지만 일본 후쿠시마 원자력 발전소 사고나 우크라이나 체르노빌 원자력 발전소 사고처럼 어마어마한 재앙을 일으킬 수도 있단다. 그래서 많은 사람들이 내가 생기는 걸 싫어해.

### 수력 발전소

난 아무 곳에나 지을 수 없는 까다로운 발전소야. 우선 날 지으려면 물이 많아야 하고, 경사도 너무 완만하면 안돼. 우리나라에는 이제 수력 발전소를 지을 만한 강이 거의 없단다.

# 신재생 에너지는 아직 부족해!

풍력 발전소와 태양광 발전소 같은 신재생 에너지 발전소들이 있기는 해. 하지만 아직 많은 양의 전기를 만들어 내기엔 역부족이란다.

더 이상 발전소를 짓기 곤란하다고요? 다른 발전소는 없는 거예요?

신재생 에너지는 석유, 석탄, 원자력, 천연가스 등을 대체하는 새로운 에너지원이에요. 햇빛, 바람, 물 등을 이용해 재생 가능한 에너지로 변환시켜 이용하는 친환경 에너지로 석탄이나 석유처럼 고갈되지 않아요. 태양빛을 받아 전기를 만드는 태양광 발전소나 바람의 힘으로 발전기를 돌려 전기를 만드는 풍력 발전소, 밀물과 썰물 때문이 일어나는 바닷물의 흐름이나, 바닷물의 높낮이 차이를 이용해 수차를 돌려 전기를 만드는 조력 발전소 등이 신재생 에너지를 만드는 발전소랍니다. 하지만 일 년 내내 날이 맑고, 바람이 많이 불긴 힘들겠지요? 태양광 발전소와 풍력 발전소는 날씨의 영향을 매우 많이 받고 아직 많은 양의 전기를 만들어 내기에는 기술이 부족하답니다. 또 조력 발전소를 만들기 위해선 많은 비용이 들고 주변 해양 생태계가 파괴된다는 단점이 있어요.

## 풍력 발전소

윙윙윙. 난 환경 오염을 일으키지 않는 깨끗한 에너지원이지만 바람이 불지 않는 날엔 어쩔 수 없이 쉬어야 해. 미안한 일이지만 높은 산 위에서 빙글빙글 돌아가는 나 때문에 날아가던 새들이 종종 피해를 입기도 해.

### 태양광 발전소

나도 친구들에게 전기를 팍팍 만들어 주고 싶지만 아직은 부족한 게 많아. 기술이 부족해서 태양빛으로 전기를 만들 수 있는 양이 적고, 전기를 만드는 데 드는 비용이 엄청 비싸거든. 게다가 발전소를 만들려면 넓은 땅이 필요하기 때문에 숲을 베어야 한다는 단점도 있어.

### 조력 발전소

나도 마찬가지야. 날 건설하기 위해서는 많은 돈이 필요한 건 물론이고, 내가 바닷가에 건설되면 주변 갯벌이 파괴되어 많은 해양 생물들이 살 곳을 잃어.

# 수력 발전소, 대정전에서 도시를 구하라!

박사님, 전기를 무한정 생산할 수 없으니 언제든 대정전이 일어날 수 있겠네요. 그런데 만약 대정전이 일어나면 발전소도 작동을 멈추게 되지 않나요?

그렇진 않아. 비상 상황에 대비해 전기를 복구하는 계획이 있거든.

앗! 정전이다! 가스터빈 발전소, 빨리 비상용 전기를 만들자!

대정전이 일어나면 수력 발전소와 가스터빈 발전소가 가장 먼저 전기를 만들어서 다른 발전소에 전기를 보내 주어요. 강산이 말처럼 발전소도 전기를 이용해서 기계를 작동시켜 전기를 만들지만, 수력 발전소와 화력 발전소의 한 종류인 가스터빈 발전소는 전기의 도움 없이도 발전기를 돌려 비상용 전기를 만들 수 있답니다. 그래서 정전이 일어나면 두 발전소에서 재빠르게 전기를 만들어 많은 양의 전기를 만들 수 있는 화력 발전소와 원자력 발전소에 보내게 된답니다. 하지만 모든 발전소가 다시 움직인다고 해도 바로 집으로 전기를 보낼 수는 없어요. 물이 양동이에 가득 차야 흘러내리는 것처럼 먼저 전기를 다시 가정까지 흘려 보낼 수 있도록 전기를 충분히 채워 전압을 높여야 하기 때문이에요.

가스터빈 발전소는 천연가스나 석유를 태워서 생긴 열이 공기를 부풀어 오르게 하는 힘으로 발전기를 돌려서 전기를 만들어요.

**수력 발전소**

# 정전을 막아 주는 첨단 기술, 스마트 그리드

스마트 그리드는 전기를 보내 주는 전력망에 인터넷 같은 통신 기능을 결합한 기술이에요. 스마트 그리드 기술을 사용하면 집과 발전소가 서로 통신을 할 수 있어요. 그래서 집에 설치된 스마트 미터가 전기를 쓸 때마다 적당한 양을 발전소에 자동으로 요청하고, 남는 전기는 집에 있는 대형 충전지에 저장하도록 지시하지요. 또한 집집마다 작은 풍력 발전기와 태양광 발전기를 갖추어 스스로 만든 전기를 충전지에 보관하고, 전기를 사용하지 않을 때는 전기를 발전소에 되팔 수도 있답니다. 게다가 전국에 퍼진 송전선 중 한 곳에 사고가 생기더라도 컴퓨터가 자동으로 전기를 공급할 수 있는 가장 빠른 다른 송전선을 찾아 주지요.

▶ 스마트 그리드 KEPCO 홍보관 내부

제주도에 위치한 스마트 그리드 KEPCO 홍보관에는 똑똑한 전력망 스마트 그리드가 만드는 미래 세상을 경험해 볼 수 있는 다양한 전시물과 체험관이 있어요.
www.kepco.co.kr/sg/

**주상 복합 건물**

**신재생 에너지**

**신재생 에너지**

**LED 가로등**

**전기 에너지 주택**

우와! 발전소와 집이 모두 연결 되었네!

똑똑해서 이름이 '스마트'군요! 이렇게 좋은 기술이 있는데 왜 아직 설치하지 않는 거지요?

아쉽지만 스마트 그리드 기술이 완전히 설치되려면 2030년이나 돼야 할 것 같구나. 그리고 아무리 기술이 발달해도 정전 사고를 완전히 막을 수는 없단다.

 3  냉장고는 가족 수에 맞게 너무 크지 않은 것으로 사용한다. 온도를 너무 낮게 설정하거나 벽면과 10센티미터 이상 공간을 주지 않아도 전기 사용량이 급증한다. 내용물을 너무 꽉 채워도 냉기가 제대로 돌지 않아 전기 사용량이 많아진다.

 4  세탁기가 쓰는 전기 양은 세탁물의 양과 상관이 없다. 세탁물은 모아서 한 번에 세탁한다. 또한 탈수 후 또 다시 헹굼하지 않는다. 다리미 사용도 세탁기와 다림질할 옷을 모아서 사용 횟수를 줄이는 것이 좋다.

 5  백열등은 형광등에 비해 전기 사용량이 매우 높다. 집 안 조명기구는 형광등으로 바꾸어 준다. 또한 사용하지 않는 공간의 전등은 꼭 끄는 습관을 기르고, 낮에는 커튼을 열고 자연광을 충분히 이용한다.

 6  텔레비전을 보지 않을 때는 당연히 전원을 끈다. 또한 소리를 키우거나 채널을 돌릴 때에도 전기 사용량이 증가하니 잦은 리모컨 사용을 삼간다.

 7  안 쓰는 전기 기구는 콘센트를 뽑아 두거나 스위치가 달린 절전형 멀티탭을 사용한다.

## 전기

모든 물체는 원자라는 작은 입자로 이루어져 있고, 원자는 전자가 뭉쳐서 만든다. 전기는 전자가 움직이면서 생기는 에너지의 한 형태로, 전자를 제일 처음 알아낸 사람은 영국의 물리학자 톰슨이다. 그는 전기가 빛을 내고 열을 나게 한다는 것을 알아냈다.

## 전하

전하는 물체가 띠고 있는 전기적인 성질을 말하며 모든 전기 현상은 전하 때문에 일어난다. 전하는 양전하(+ 성질)와 음전하(- 성질)로 나뉘는데 같은 성질의 전하는 서로 밀어 내고, 각기 다른 성질의 전하는 서로 끌어당긴다.

## 정전기

전하가 움직이지 않고 정지 상태로 있어 시간이 지나도 변하지 않는 상태를 정전기라 한다.

## 전류

전자가 이동하면서 생기는 에너지의 흐름을 전류라고 한다. 물이 파이프 안에서 흘러가는 것처럼 전자도 전선을 따라 이동하며 흘러간다. 이때 수압이나 파이프 크기에 따라 물이 흐르는 양이 변하듯 전류도 전압과 전선의 굵기에 따라 흐르는 양이 변한다.

## 전기의 속도

전기가 이동하는 속도는 빛이 이동하는 속도와 같다. 이는 1초에 30만 킬로미터 즉 지구를 7바퀴 반이나 돌 수 있는 속도이다.

## 전기의 이동

발전소 → 발전소 내 변압기 → 송전 변전소 → 송전선, 송전탑 → 배전용 변전소 → 주상 변압기 → 가정

## 발전소

전기를 일으키는 시설을 갖춘 곳으로 화력 · 원자력 · 수력 · 풍력 · 태양력 · 조력 등을 이용해 발전기를 돌려 전기를 일으킨다.

### ¤ 발전소의 종류

**화력 발전소** : 석탄, 석유, 천연 가스 등을 태운 화력을 이용하여 전력을 생산하는 발전소이다. 우리나라 전기 생산량의 66.2퍼센트를 차지한다.

**원자력 발전소** : 원자핵이 붕괴할 때 생기는 열에너지를 이용하여 전력을 생산하는 발전소이다. 우리나라 전기 생산량의 31.3퍼센트를 차지한다.

**수력 발전소** : 물이 높은 곳에서 낮은 곳으로 떨어질 때 생성되는 에너지를 전기로 바꾸어 전력을 생산하는 발전소이다. 우리나라 전기 생산량의 1.4퍼센트를 차지한다.

**태양광 발전소** : 햇빛에 담긴 태양 에너지를 전기로 바꾸어 전력을 생산하는 발전소이다.

**풍력 발전소** : 바람에 풍차처럼 생긴 터빈을 회전하여 전력을 생산하는 발전소이다.

**조력 발전소** : 조류 또는 조수 간만의 차이를 이용해 수차를 움직여 전력을 생산하는 발전소이다.

## 변전소

발전소에서 발전한 전기를 적당한 전압으로 바꾸어서 내보내는 시설이다. 변압기, 차단기, 보조 설비 등으로 구성되어 있다.

### ¤ 변전소의 종류

**송전 변전소** : 높은 전압을 사용하는 대규모 공장에 직접 전기를 송전선을 통해 보내고, 남은 전기는 배전용 변전소로 보내 준다.

**배전용 변전소** : 송전선을 통해 받은 전기를 다시 변압기를 통해 전압을 낮추어 빌딩이나 공장으로 보낸다. 또 배전 선로를 통해 전봇대 위에 놓인 주상 변압기로 전기를 보낸다.

### 변압기

전압을 높이거나 낮추는 장치이다. 발전소에서 만들어진 전기는 변압기에서 알맞은 수준의 전압으로 높여진다. 이는 전기의 손실을 줄이기 위함이다.

**주상 변압기** : 배전용 변전소에서 전기를 받아 가정에서 쓰기 알맞은 전압으로 낮추어 각 가정에 전기를 공급한다.

### 정전

전기가 발전소에서 각 가정까지 공급되는 이동 과정에서, 여러 가지 원인으로 인해 원활히 이동하지 못하고, 공급이 일시적으로 끊어지는 현상이다.

### 스마트 그리드

지능형 전력망을 뜻하는 말로 기존에 전기가 각 가정에 공급되는 방식에 정보 기술을 접목한 기술이다. 전기를 공급하는 곳과, 전기를 소비하는 곳이 서로 통신을 통해 정보를 교환할 수 있어 에너지를 효율적으로 사용할 수 있다.

## 강산이의 어린이 전기 안전

전기는 우리의 생활을 편리하게 해주는 매우 고마운 에너지이지만 잘못 사용하면 감전과 화재 등 매우 위험한 사고가 발생할 수 있는 무서운 에너지이기도 해요.

감전 사고는 전기가 흐르는 물체에 우리 몸의 일부가 닿아서 순간적으로 충격을 받는 사고를 뜻해요. 심한 화상을 입거나, 심하면 목숨을 잃을 수도 있답니다.

### 전기 안전, 반드시 지켜요!

- ¤ 전기 콘센트에 젓가락 같은 쇠붙이를 절대로 넣지 않아요.
- ¤ 젖은 손으로 전자 제품을 작동시키거나 플러그를 콘센트에 꽂지 않아요.
- ¤ 전깃줄이 젖은 바닥이나 물웅덩이에 닿아 있는 경우 절대 가까이 가지 않아요.
- ¤ 전자 제품의 전깃줄을 감싸고 있는 고무가 닳거나 찢어졌다면 절대 사용하지 않아요.
- ¤ 하나의 콘센트에 너무 많은 플러그를 꼽지 않아요.
- ¤ '위험' '고전압' '접근 금지' 등의 표시가 있는 전기 설비 근처에는 가지 않아요.

## 글 최영준

깜깜한 하늘 위에서 빛나는 별이 실은 수많은 별들로 이루어진 은하의 무리라는 것을 알고 있나요? 저는 밤하늘에 빛나는 깨알 같은 별들을 보면서 온몸에서 전기가 흐르는 느낌을 받았답니다. 그때부터 과학을 좋아하게 되었어요. 그래서 지금은 과학자들의 연구와 자연의 이야기를 많은 사람들에게 전달하는 과학 전문 기자가 되었어요. 사람들이 자연과 과학을 쉽고 생생하게 느낄 수 있도록 하는 것이 저의 목표랍니다. 서강대학교 물리학과를 졸업했고 현재 동아사이언스 격주간지 〈어린이 과학동아〉 기자입니다.
지은 책으로는 『화산이 들썩들썩! 백두산이 폭발한다면?』 『지구가 흔들흔들! 해운대에 지진이 일어난다면?』 등이 있어요.

## 그림 신종우

어릴 때부터 만화 그리기를 좋아했어요. 밥아저씨 캐릭터 담당 디자이너로 활동했고, 의류 디자이너로도 활동했습니다. 현재는 프리랜서로 어린이 책에 그림 그리는 일을 하고 있어요. SOKI 국제 일러스트레이션 공모전 캐릭터 부문에서 장려상을 수상했습니다.
그린 책으로는 『화산이 들썩들썩! 백두산이 폭발한다면?』 『지구가 흔들흔들! 해운대에 지진이 일어난다면?』 등이 있어요.

---

### 도시가 깜빡깜빡!
### 대정전이 일어난다면?

| | |
|---|---|
| 펴낸날 | 초판 1쇄 2012년 9월 20일 |
| | 초판 2쇄 2013년 8월 26일 |
| 지은이 | 최영준 |
| 그린이 | 신종우 |
| 펴낸이 | 심만수 |
| 펴낸곳 | (주)살림출판사 |
| 출판등록 | 1989년 11월 1일 제9-210호 |
| 주소 | 경기도 파주시 문발동 522-1 |
| 전화 | 031-955-1350  팩스 031-624-1356 |
| 홈페이지 | http://www.sallimbooks.com |
| 이메일 | book@sallimbooks.com |
| ISBN | 978-89-522-2067-7  77400 |

※ 값은 뒤표지에 있습니다.
※ 잘못 만들어진 책은 구입하신 서점에서 바꾸어 드립니다.

표지·본문 디자인·일러스트 | 박앤 bncom4@gmail.com 02.337.3375